Dominique Temple

LE CONTRADICTOIRE

PRINCIPE STRUCTURAL DES NUER

Collection *réciprocité*

N° 9

SOMMAIRE

INTRODUCTION

En introduction à la traduction française de l'ouvrage *Les Nuer,* de E. E. Evans-Pritchard[1], Louis Dumont soulève le problème suivant : on trouve, dans l'exposé de Evans-Pritchard, l'idée que la société nuer est organisée à partir de groupes constitués qui s'opposent ou fusionnent suivant les circonstances ; ce qui satisfait la logique occidentale : une chose est ou n'est pas !

Ces groupes *se divisent,* selon le principe que précisera plus tard Claude Lévi-Strauss sous le nom de « principe d'opposition »[2], ou bien *s'unissent* pour faire face à l'étranger avec lequel ils constituent une opposition nouvelle.

Mais on trouve également l'idée que ces mêmes groupes fusionnent quand ils sont séparés et se divisent quand ils sont unis pour être *contradictoirement unis et divisés* – donnant lieu à une donnée psychologique logiquement exclue par les catégories de l'observateur occidental puisque *en soi contradictoire.*

---

1. Edward Evan Evans-Pritchard, *The Nuer* [1937]. Trad. fr. *Les Nuer,* Préface de Louis Dumont, Paris, Gallimard [1968], 1994. Les Nuer vivent dans la haute vallée du Nil, au Soudan et en Éthiopie.

2. Cf. Claude Lévi-Strauss, *Les structures élémentaires de la parenté,* Paris, Mouton [1947], 1967.

Louis Dumont écrit :

« Par rapport à ce que connaît en cette matière le lecteur français, il y a lieu à une mise au point assez délicate. Nous avons signalé plus haut, à la suite de Pocock, les "relativités du langage" et plus généralement de la signification par rapport à la situation ou au contexte. Ce qui caractérise les Nuer, c'est l'application de cette méthode aux groupes sociaux, groupes territoriaux ou "politiques", groupes de filiation patrilinéaires : je suis membre du groupe A dans une situation qui l'oppose à B, mais dans une autre situation où s'opposent deux segments (du 1er ordre) de A, soient A1 et A2, je suis membre non plus de A, mais de A1, et ainsi de suite pour les segments d'ordre inférieur. Les groupes des divers niveaux coexistent virtuellement à tout instant, mais ils ne se manifestent qu'alternativement, suivant les circonstances. La réalité permanente, c'est la tendance contradictoire à la scission et à la fusion. En particulier on ne peut pas saisir de groupements unilinéaires qui auraient une permanence de personnes morales attachées à un bien commun, qui seraient "corporate"[3]. »

La *réalité permanente*, dit Louis Dumont, c'est la tendance *contradictoire* à la scission et à la fusion (le « et » signifie ici clairement : à la scission *en même temps* que la fusion, c'est-à-dire bien *contradictoirement*).

Cependant, dans la Quatrième de couverture de l'édition française qui reprend cette Préface, le mot « contradictoire » (et l'idée !) a disparu ! Or, c'est manifestement lui qui donne sens à ce que Louis Dumont veut dire : c'est bien *l'équilibre contradictoire* ou encore la *résultante contradictoire* de la scission et de la fusion qui est l'enjeu de ce niveau structural.

---

3.   Louis Dumont, dans *Les Nuer*, *op. cit.*, Préface, p. IX.

Nous avons ici deux niveaux d'analyse clairement distincts : celui de l'expression des uns et des autres, qui sont ou ceci ou cela selon les circonstances et les situations, et celui où les uns et les autres sont « simultanément » ceci et cela de façon « contradictoire ».

Louis Dumont précise :

> « Evans-Pritchard part des "groupes et des relations entre groupes" pour relativiser les groupes et faire voir qu'ils existent à partir de leurs relations. Mais il est évident que ces oppositions de fait sont sous-tendues dans l'esprit de l'auteur par des oppositions conceptuelles, des oppositions au sens du structuralisme. Le Nuer "s'identifie avec une communauté locale et, ce faisant, se sépare d'autres communautés de la même espèce"[4]. »

Le principe structural qui est à l'œuvre pour engendrer la *situation contradictoire*, décrite par Lévi-Strauss[5], est ainsi relayé par la représentation non-contradictoire des Nuer eux-mêmes ; ce qui satisfait la thèse « structuraliste ».

Louis Dumont insiste sur cette représentation. Son avertissement est néanmoins très précieux car les premiers chapitres de Evans-Pritchard décrivent aussi les expressions des Nuer au niveau non-contradictoire des représentations.

---

4. *Ibid.*, p. X.

5. Lévi-Strauss a mis en évidence que le premier contact humain se réalise moyennant une *situation contradictoire*, que la fonction symbolique transcende ou dénoue en offrant une solution *non-contradictoire* exprimée par la parole. Cf. Lévi-Strauss, *Les structures élémentaires de la parenté, op. cit.*

Une interprétation classique en déduirait que ces expressions sont celles d'événements également non-contradictoires...

Les premières conclusions de Evans-Pritchard ne démentiraient pas cette déduction. Par exemple :

« Récoltes et maisons se détruisent ; le bétail se confisque et s'emporte. Voilà qui incline en général les peuples de pasteurs à pratiquer les arts de la guerre plutôt qu'à cultiver les arts de la paix. Voilà qui fait que les Nuer ne dépendent pas entièrement de leur propre bétail, et que par la razzia ils augmentent leur cheptel [...]. Ces circonstances ont modelé leur caractère, leur économie, leur structure politique[6]. »

Mais quelques lignes plus loin, on trouve :

« Hâtons-nous d'ajouter qu'on simplifierait trop les choses en expliquant le conflit des Nuer et des Dinka par une pure affaire de pâturage et de bétail. »

Et un peu plus loin :

« Mais la lutte elle-même peut se comprendre seulement comme un processus structural, et c'est ainsi que nous l'exposerons plus loin[7]. »

---

6. Evans-Pritchard, *op. cit.*, pp. 69-70.
7. *Ibid.*

Le chapitre II des *Nuer* passionnera les écologistes : il faut lire au moins pour le plaisir ces pages foisonnantes d'informations pittoresques où est montré l'adaptation d'un peuple de pasteurs à la nature de façon évidente..., avant d'avoir une surprise à la section VI de ce chapitre où quelque chose déroge à la complémentarité de la nature et des comportements humains :

> « Le pays nuer est riche en gibier, mais on ne le tue pas en quantité. Ce serait pourtant une mine de nourriture que ces vastes troupeaux de topis, de kobs, d'autres antilopes, de buffles, d'éléphants et d'hippopotames[8]. »

Un hiatus dans la cohérence de l'organisation écologique ?

---

8. *Ibid.*, p. 91.

I

FONCTIONS SOCIALES ET PARTAGE

On est peu après alerté par un autre paradoxe :

« À tout le moins, nous aurons soin de noter que si l'on procède aux cérémonies durant la saison des pluies, c'est que le millet abonde : car on ne voit guère de rituel parfait sans bouillie et sans bière, et puisqu'il y a sacrifice, sans viande. Noces, rites d'initiation, cérémonies religieuses de toutes sortes ont lieu au temps des pluies et au début de la sécheresse, généralement après la première récolte de millet. C'est aussi la bonne saison pour tomber sur le dos des Dinka. La faim et la guerre, assurent les Nuer, ne font pas bon ménage, et l'on a l'estomac trop creux pour se battre au fort de la saison sèche[9]. »

On s'attendait à ce que les razzias soient destinées à compenser les pertes dues aux maladies ou à la sécheresse, et que selon la logique qui prévalait jusqu'ici dans l'analyse de Evans-Pritchard lui-même, on pille pour remplir le ventre creux ou les greniers vides. Le paradoxe est que, pour les Nuer, c'est à condition d'avoir le ventre plein que l'on peut « tomber sur le dos » du Dinka.

---

9. *Ibid.*, p. 103.

Chasse et guerre sont ici comme retirées du champ des explications économiques occidentales : ce n'est pas la rareté des vivres qui motive les relations de chasse ou de guerre. Et même à l'intérieur des clans ou des familles, il en est ainsi : le paradoxe se généralise.

> « Il va de soi [pour les Nuer] que les querelles de personnes et les rivalités locales y sont moins violentes elles aussi, car on y met plus d'ardeur une fois repu de viande et de millet[10]. »

Chez les Anglais et les Français, la faim déchaîne la colère. Ce n'est pas le cas chez les Nuer. Comme les Trobriandais, qui à la grande surprise de Malinowski[11] apprécient tout autant la *propriété* que les Anglais mais à condition d'en avoir une définition inverse, les Nuer surprennent Evans-Pritchard car ils ont une conception de la guerre et de l'affrontement antagoniste de celle des Occidentaux : on ne pille pas pour se procurer des richesses, on pille parce qu'on est abondamment pourvu de richesses !

Mais ce n'est pas encore ici que Evans-Pritchard choisit d'introduire une nouvelle théorie anthropologique. Le chapitre sur l'écologie se termine par une description de l'économie du don assez commune :

> « Sans doute chaque maisonnée possède-t-elle sa propre nourriture, fait-elle sa propre cuisine et pourvoit-elle de façon indépendante aux besoins de ses membres ; pourtant les hommes, et quelquefois aussi les femmes et les enfants, s'entr'invitent en de si nombreux repas que

---

10. *Ibid.*
11. Cf. Bronislaw Malinowski, *Argonauts of the Western Pacific* [1922]. Trad. fr. *Les Argonautes du Pacifique Occidental*, Gallimard, 1963.

pour un observateur du dehors, la population tout entière semble partager des provisions communes. Les lois de l'hospitalité, les conventions qui règlent la distribution de la viande et du poisson, font que la nourriture se partage de façon beaucoup plus large qu'une simple affirmation des principes de la propriété permettrait de le croire. Les jeunes gens mangent dans toutes les étables du voisinage ; il n'est pas de ménage qui ne donne des réceptions où voisins et parents viennent boire de la bière ; même distribution de victuailles et de bière dans les rassemblements où l'on se prête main-forte à l'occasion de quelque travail d'importance[12]. »

Evans-Pritchard décrit une longue suite de partages qui intéressent la consommation :

« Au camp, il sied que les hommes se rendent visite et boivent du lait avec leurs amis. On tient une calebasse de lait caillé à la disposition particulière des invités ; lorsqu'on sacrifie un bœuf ou qu'on tue un animal sauvage, on en distribue toujours de façon ou d'autre la viande à un grand nombre de personnes. On ne saurait faire moins que donner une partie du poisson qu'on a pris à ceux qui en demandent ; quand le lait ou le grain viennent à manquer, il va de soi qu'on s'entraide, et ainsi de suite. Cette assistance mutuelle et cette consommation en commun [...][13]. »

Mais l'explication de cette « économie du don »[14] nous est

---

12. *Ibid.*, pp. 103-104.

13. *Ibid.*

14. Les relations de réciprocité, qui incitent à produire pour donner, sont le moteur d'une économie dite de réciprocité,. L'économie de réciprocité motive l'investissement en fonction de critères éthiques et promeut une croissance raisonnée par le consensus démocratique davantage pour le bonheur de chacun et la liberté de

donnée d'après un raisonnement utilitariste :

« Nous nous bornerons, nous dit Evans-Pritchard, à souligner les points suivants : l'habitude de partager se comprend facilement dans une communauté où tout un chacun peut se trouver en difficulté de temps à autre, tant il est vrai que c'est la disette et non point l'abondance qui rend les gens généreux et les conduit par là à prendre une assurance contre la faim : le besogneux d'aujourd'hui reçoit son secours du besogneux de demain[15]. »

Evans-Pritchard tente d'expliquer ces prétendus états de pénurie à l'origine de ces prétendues assurances collectives : le pays nuer manque de deux matières premières qui ont joué un rôle important dans la manufacture des outils primitifs : le fer et la pierre, d'où une extrême indigence, etc.

Evans-Pritchard pouvait s'attendre à une objection du genre : Il y a un remède au manque de nourriture et de matières premières : le commerce !

Mais il observe : « Il semble pourtant que les Nuer s'y adonnent très peu ». Bien que : « Les Arabes, eux, achètent des peaux de bœufs, quelquefois les bœufs tout entiers[16]. »

Il souligne le paradoxe : « Il n'y a rien là qui ait grandement affecté l'économie des Nuer.

---

tous que pour la jouissance et le pouvoir des uns sur les autres. Elle supprime a priori la pauvreté et l'inégalité puisqu'elle satisfait d'abord les besoins des plus déshérités et qu'elle interdit l'accumulation capitaliste.

15. Evans-Pritchard, *op. cit.*, p. 104.
16. *Ibid.*, pp. 109-110.

« Les Nuer ne vendent pas leur travail », constate laconiquement l'ethnologue :

> « Nous pouvons conclure que le commerce tient très peu de place dans leur vie sociale. »

À nouveau, l'auteur cherche des raisons « utiles » : « On pourrait en donner de nombreuses raisons. En voici quelques-unes, [...] », etc. On fera l'économie de ces explications, on notera seulement la dernière :

> « Il reste une raison sur laquelle on doit insister, c'est que l'intérêt dominant des Nuer est dans leurs troupeaux : et cet intérêt est assez étroit pour les rendre inattentifs aux produits des autres peuples. En vérité, ils ne semblent en avoir aucun besoin, et en font souvent bien peu de cas[17]. »

La conclusion est plutôt dépréciative pour les Nuer (*un intérêt assez étroit pour les rendre inattentifs*). La dépréciation trahit même une vision réductrice que nous ne ferons que signaler parce qu'elle est à mettre au compte de l'analyse ethnologique traditionnelle selon les catégories dont Evans Pritchard va bientôt se séparer :

> « Il faut bien reconnaître que le niveau technique chez les Nuer est assez bas, et que cette insuffisance, s'ajoutant à celle du ravitaillement et du commerce, n'est sans doute pas sans effet sur leurs rapports sociaux et leur caractère. On dirait que les liens sociaux se rétrécissent, et qu'au sens moral, villageois et campeurs se ramassent plus étroitement, tant ils dépendent les uns des autres, et tant leurs activités se conjuguent en des entreprises communes. »

---

17. *Ibid.*, pp. 110-111.

Mais…

> « Il est un point de vue selon lequel la technique est un processus écologique : c'est une adaptation du comportement humain aux conditions naturelles ; il en est un autre d'où l'on considère la civilisation matérielle comme une partie des rapports sociaux, car les objets matériels sont des chaînes au long desquelles courent les relations sociales : plus la civilisation matérielle est simple, plus nombreuses sont les relations qui s'expriment à travers ces objets[18]. »

L'idée est inverse des conceptions utilitaristes. Ici, des relations sociales, dont un objet – la vache – est le symbole, sont le but des prestations des Nuer, y compris des prestations économiques.

Nous retrouvons Louis Dumont, mais aussi les limites déjà signalées : il n'est pas dit de quelles « relations sociales » il s'agit.

---

18. *Ibid.*, p. 111.

II

FONCTIONS PRODUCTIVES ET REDISTRIBUTION

Evans-Pritchard donne alors la parole aux faits, comme chaque fois qu'un ethnologue n'a pas avec ses catégories le moyen de rendre compte de ce qui dément ses catégories.

> « Un seul petit objet travaillé de main d'homme peut être un nœud entre personnes : une lance qui passe du père au fils par don ou héritage est un symbole de leur relation, et c'est l'un des liens par lesquels elle se maintient. Ainsi les gens font mieux que créer leur situation matérielle et s'attacher à elle ; c'est encore à travers elle qu'ils bâtissent leurs relations et qu'ils s'en font une idée. [...]
>
> En outre, les relations sociales, au lieu de se diffuser le long de nombreuses chaînes de liens matériels, se concentrent en quelques très simples foyers d'intérêt, du fait d'une civilisation indigente. [...]
>
> Tous ceux qui ont vécu chez les Nuer m'accorderont sans doute que ces gens, qui sont si pauvres en biens, sont très fiers en esprit »[19].

Evans-Pritchard n'ordonne pas les valeurs humaines aux structures sociales, mais reconnaît ici une conjonction entre les sentiments éthiques et les relations sociales :

---

19. *Ibid.*, p. 112.

19

« Les qualités que nous avons citées, le courage, la générosité, la patience, la fierté, la loyauté, [...] on n'aurait guère de peine à montrer qu'elles s'approprient parfaitement à leur genre de vie très simple et à la série peu complexe de rapports sociaux qu'il engendre[20]. »

Appropriation expliquée de façon encore fonctionnaliste. Néanmoins, Evans-Pritchard prie le lecteur de se rappeler les points suivants :

« 1) On ne saurait traiter les rapports économiques des Nuer isolément, car ils font toujours et directement partie des relations sociales prises en général. [...]

2) Il n'y pas échange d'objets ou de services par l'intermédiaire d'une tierce personne. [...]

3) Un homme n'acquiert pas plus d'objets qu'il n'en peut utiliser. S'il y songeait, il n'en pourrait disposer qu'en les donnant. Il est vrai que l'on peut agrandir son troupeau, mais cela ne se fait pas, si l'on excepte certains bétails sacrés gardés par les prophètes. [...]

4) Au sens étroit du mot, la famille élémentaire peut être considérée comme l'unité économique, mais nous avons vu qu'elle ne se suffit pas à elle-même, et qu'elle a souvent besoin de la participation active d'un groupe plus large [...].

On s'assiste mutuellement, même quand il n'est pas essentiel de coopérer pour accomplir une tâche, par exemple pour sarcler ou récolter, car il est tout à fait normal d'appeler à l'aide, et l'obligation de prêter main-forte fait partie d'une relation générale de la parenté.

---

20. *Ibid.*, pp. 112-113.

5) Il se peut qu'un homme seul conduise un troupeau à la pâture, qu'un garçon pêche tout seul, qu'une femme se trouve seule à cuisiner ; mais ils ne peuvent se livrer à ces activités que grâce à leur appartenance à une communauté et aux liens qui relient leurs actes à un système productif. [...]

On a remarqué que vue du dehors, la population d'un village semble vivre d'un stock de nourriture commun. Du même point de vue, la population tout entière semble créer ce stock[21]. »

Les faits qui dérogent à l'économie politique occidentale sont évidents :

Le point 2 exclut l'achat et la vente et même l'échange, en tout cas toute forme de profit.

Le point 3 exclut l'hétéronomie et promeut l'autonomie, la parité ou la fraternité en lieu et place de l'exploitation.

Le point 5 exclut la concurrence au bénéfice de l'émulation ou de la solidarité. Evans-Pritchard illustre la notion de *propriété* déjà reconnue par Malinowski chez les Trobriandais : pour les Nuer, la propriété a un caractère universel antinomique de la notion de privatisation.

Le point 5 introduit pour la première fois que la réciprocité (dont le nom n'est pas prononcé) est en jeu, non seulement pour consommer mais pour produire. (*On pratique*, précise Evans-Pritchard, *beaucoup le travail en coopération*, et pas seulement *le partage de la nourriture*).

---

21. *Ibid.*, pp. 113-114

« Voilà un certains nombre de points acquis que nous garderons en mémoire chaque fois que nous reparlerons des villages », conclut Evans-Pritchard[22].

Son chapitre III introduit la thèse du *principe structural* sur lequel nous allons insister ; chapitre clef car il effectue un renversement de perspective.

Evans-Pritchard est prudent :

« Ce n'est pas la cosmologie des Nuer que nous décrivons dans ce livre, mais leurs institutions politiques et autres ; par conséquent nous nous intéressons surtout à l'influence des rapports écologiques sur ces institutions, plutôt qu'à l'influence de la structure sociale sur la conceptualisation des rapports écologiques. Ainsi, pour prendre un exemple, nous ne décrivons pas la façon dont les Nuer classent les oiseaux en lignages divers, modelés selon la structure de leurs propres lignages. Le chapitre que voici est donc un pont entre les deux parties de l'ouvrage, mais un pont que nous passons dans une direction seulement[23]. »

Mais… Evans-Pritchard va démontrer que si les observateurs passent le pont dans un sens, les Nuer passent le pont dans l'autre sens !

Il nous décrit d'abord le temps écologique comme cyclique : en fonction des époques, des saisons, des lunaisons, les hommes défrichent, sèment et récoltent, etc.

---

22. *Ibid.*, p. 115.
23. *Ibid.*, p. 117.

Mais…

> « En décrivant les concepts de temps chez les Nuer, nous pouvons distinguer entre ceux qui réfléchissent surtout leurs rapports au milieu, et que nous appelons temps écologique ; et ceux qui réfléchissent leurs rapports mutuels à l'intérieur de la structure sociale, et que nous appelons temps structural[24]. »

Passerait-on le pont dans les deux sens ?

Quelques pages plus loin, le pont se passe dans un seul sens, mais attention : on s'aperçoit que les notations du temps écologique sont des repères pour imager des activités sociales :

> « Ce sont les activités elles-mêmes, surtout dans l'ordre économique, qui sont essentielles au système […]. Le passage du temps se perçoit dans le rapport de ces activités entre elles[25]. »

Que l'économie n'obéisse plus aux injonctions de la nature, mais que les fonctions productives obéissent aux injonctions des activités sociales suppose que les activités sociales déterminent, imposent ou produisent quelque chose d'important que la nature ne peut pas produire.

À part cette notation : « Or, ces activités ont en général des allures de loisir », on n'en sait pas plus sur ces activités sociales.

---

24. *Ibid.*, pp. 117-118.
25. *Ibid.*, p. 126.

L'ethnologue ajoute cependant :

> « Les événements suivent un ordre logique, mais nul
> système abstrait ne les encadre, en l'absence de points de
> repères autonomes auxquels ces activités devraient se
> conformer avec précision. Les Nuer ont bien de la
> chance ![26] ».

Evans-Pritchard reconnaît ici que les activités sociales
des Nuer obéissent à une logique assez impérieuse pour
pouvoir s'imposer à la logique avec laquelle lui-même perçoit
les choses, et qui nous vaut cette conclusion étrange :
« les Nuer ont bien de la chance ! ».

Et, dès lors, on passe le pont entre le temps écologique
et le temps social dans un seul sens, mais dans le sens inverse
du sens unique qu'emprunte l'ethnologue avec ses catégories
logiques.

> « En un sens, tout temps est structural, puisqu'il est une
> conceptualisation d'activités collatérales, coordonnées,
> conjuguées : les mouvements d'un groupe[27]. »

Que penser des termes apposés pour définir ces
fameuses activités sociales : *collatéral - coordonné - conjugué* et
mouvements d'un groupe ?

Evans-Pritchard nous aide quelque peu en précisant :

> « Il est toutefois un point à partir duquel nous pouvons
> dire que les concepts cessent d'être déterminés par des
> facteurs écologiques et sont déterminés plutôt par des
> interactions structurales, qui ne reflètent plus la

---

26. *Ibid.*, p. 127.
27. *Ibid.*, p. 128.

dépendance naturelle de l'homme par rapport à la nature, mais l'interaction des groupements sociaux[28]. »

Les mouvements du groupe sont définis comme des *interactions*.

Même retournement à 180° pour la notion d'espace que pour celle du temps, Evans-Pritchard remarque les Nuer

« [...] ne comptent pas en années, mais ils se réfèrent au système des classes d'âge[29]. »

Les classes d'âge sont en partie encore exprimées en termes qui témoignent de leur origine dans la parenté. Il y a de plus dans le système de la parenté quatre degrés de générations linguistiquement différenciés : le grand-père, le père, le fils et le petit-fils, et les classes d'âge qui sont au nombre de six divisent la vie de chaque génération. Cette observation lie d'un coup l'espace au temps et va permettre de substituer à la distance métrique occidentale l'espace inter-actif de la structure sociale : toute relation de parenté est tributaire d'un grand-père dont les fils ont des fils qui sont cousins, et les petits-fils petits-cousins entre eux. La distance structurale maximale est celle du petit-cousin. Mais toute distance est déterminée par la situation des uns et des autres dans la hiérarchie du lignage et des classes d'âge. Dans cette pyramide d'espace-temps, pyramide qui permet de connaître le temps structural d'une personne à une autre personne par son degré de parenté, « on ne saurait comprendre le temps structural avant de connaître la distance structurale[30]. »

---

28. *Ibid.*
29. *Ibid.*, p. 129.
30. *Ibid.*, p. 131.

Evans-Pritchard nous décrit alors l'espace écologique comme il avait décrit le temps écologique, puis la distance sociale structurale, et conclut à la primauté de celle-ci.

« Par distance structurale, nous entendons [...] la distance qui sépare des groupements de personnes dans un système social, et qui s'exprime en valeurs. La nature du pays détermine la distribution des villages, et par conséquent la distance d'un village à l'autre, tandis que les valeurs limitent et définissent la distribution sur le plan structural et créent une série différente de distances »[31].

Et puisque la distance sociale s'exprime en valeurs, nous devrons donc nous poser la question de savoir comment on peut relier les deux notions *d'interaction sociale* et de *valeur*.

« Les valeurs qui s'attachent à la résidence, à la parenté, au lignage, au sexe, et à l'âge, différencient les groupements de personne par segmentation, et les positions relatives des segments créent une perspective qui nous permet de traiter leurs divisions comme des divisions de l'espace structural[32]. »

Il nous paraît important de souligner ici que les valeurs ne s'attachent pas à un sexe ou un âge, mais qu'elles sont ordonnées à la position relative des uns vis-à-vis des autres.

L'espace structural ne tombe pas du ciel : la clef du problème est désormais dans le mot *segmentation,* qui a remplacé celui de *interactions sociales.*

---

31. *Ibid.*, p. 134.
32. *Ibid.*

Nous suivrons Evans-Pritchard qui commence par définir une tendance : celle de vouloir par *l'union* des uns et des autres constituer des entités communes. L'unité ou l'union se décline à divers niveaux.

Premier niveau quasi insécable, la hutte (*dwill* ou *ut*) qui abrite la femme et ses enfants, parfois son mari. Puis la ferme (*gol*) composée d'une étable et de huttes qui abrite un groupe familial simple ou une famille polygame (*gol* signifie feu, foyer). Puis le hameau (*dhor*) entouré de jardins et de terrain vague, habitat d'un groupe de proches parents agnatiques : c'est la famille étendue. Puis le village (*thur* ou *cieng*) :

« Un village contient une communauté, liée par la résidence commune et par un réseau de parenté et de liens d'affinités, dont les membres, comme nous l'avons vu, forment un camp en commun, collaborent en de nombreuses activités et prennent des repas les uns chez les autres. Le village est le plus petit groupe nuer qui ne soit pas spécifiquement de l'ordre de la parenté ; c'est aussi l'unité politique du pays nuer. [...]

Les membres d'un village luttent au coude à coude et se soutiennent dans les vendettas. [...]

Les différents lignages d'une même origine forment un clan, mais la règle exogamique oblige les relations entre clans différents à former des unités résidentielles communes, les villages où la parentèle qui regroupe agnats et cognats se superpose à la parenté des agnats seulement[33]. »

33. *Ibid.*, pp. 139-140.

Puis entre villages se nouent des liens qui, tout en reprenant le langage de l'alliance et de la parenté, rendent compte de groupes territoriaux, tandis que les classes d'âge ajoutent aux relations de filiation des relations de solidarité élargies à la société villageoise et clanique.

La structure politique succède donc à la structure de parenté, et l'imaginaire universalise le processus initial. On obtient ainsi une nouvelle unité, une identité politique : la tribu. Mais tout système social, quelle que soit sa complexité due à l'interaction des divers niveaux, obéit à un principe d'une simplicité exemplaire dès l'origine : la *prohibition de l'inceste* dans le contexte de la parenté.

Ce principe est en vigueur entre les tribus. C'est pourquoi, sans doute, au lieu d'étudier le clan comme développement des rapports lignagers, la tribu comme le développement des rapports entre clans, etc., Evans-Pritchard n'hésite pas à commencer par l'étude des rapports tribaux, et considérer ensuite les autres interactions sociales d'après l'épure tirée de cette analyse théorique.

Cela ne veut pas dire que Evans-Pritchard *substantialise* la tribu Nuer, mais qu'il entend démontrer l'exemplarité du principe structural sur tout imaginaire ou condition naturelle.

La structure sociale n'est pas le produit d'une évolution. Elle est l'origine de la société et elle s'impose au niveau de toute famille humaine se reconnaissant une loi commune avec les autres familles grâce à des *relations,* qui se constituent sur un autre mode que celui de la nature. Alors, quel est le principe de ces relations ?

Retenons cette première approche :

« Un homme est membre d'un groupe politique quelle qu'en soit l'espèce, du fait qu'il n'est pas membre d'autres groupes de la même espèce. Il les voit comme des groupes, et leurs membres le voient comme un membre d'un groupe ; ces relations avec eux sont dominées par la distance structurale entre les groupes en question. Mais[34] un homme ne se voit pas lui-même comme un membre de ce même groupe, dans la mesure où il est membre d'un segment de ce groupe, qui fait contraste avec d'autres segments et s'y oppose. C'est pourquoi un homme peut être membre d'un groupe et ne pas l'être tout à la fois[35]. »

Evans-Pritchard nous a dit que chez les Nuer, un homme pouvait être simultanément d'un groupe A, mais à l'intérieur d'un groupe A, d'un sous-groupe A1 face à un sous-groupe A2. Cette fois, Evans-Pritchard fait intervenir une donnée plus forte : l'homme peut se sentir du groupe A et *à la fois* ne pas se sentir du groupe A, parce que l'opposition entre A1 et A2 est contradictoire de l'union de A1 et A2 en A. Logiquement, il faudrait entendre une division non-contradictoire de ses activités : par exemple, je suis votre associé pour cultiver, mais votre concurrent pour chasser… Or, ce que veut mettre en évidence Evans-Pritchard, c'est que cette alternative est remplacée par une conjonction contradictoire qui se traduit par un sentiment *d'être et n'être pas* : la fameuse question ! Ici, Evans-Pritchard propose un principe neuf : en lieu et place du principe de non-contradiction, il propose la contradiction !

---

34. Voici le « mais » auquel nous sommes à présent habitués.
35. *Ibid.*, p. 163.

« Un homme peut être membre d'un groupe et ne pas
l'être tout à la fois. Ce principe de la structure politique des
Nuer est fondamental. »

Autrement dit, il n'existe pas d'entités constituées : ce
sont les relations aux autres qui définissent l'identité de
chacun, l'interaction est première (ou bien l'inter-subjectif est
premier) par rapport à l'action (et par rapport au sujet). Il
n'est plus possible de définir une tribu, un segment, un village,
etc., par un caractère normatif.

Nous sommes passés d'une logique qui pose A est A et
n'est pas son contraire, à cette idée étonnante que A n'existe
pas sans son contraire, et que, surtout, c'est la relation elle-
même entre ces contraires (ici rappelons que les contraires
sont l'*opposition* et l'*union*, la *fission* et la *fusion*) qui, en tant que
Tiers entre l'un et l'autre, donne sa signification à l'union
comme à l'opposition, à la fission comme à la fusion.

III

Valeurs politiques et équilibres

Evans-Pritchard ne souligne pas ce renversement de la logique de la non-contradiction en une logique qui inclurait le contradictoire au lieu de l'exclure. En bon ethnographe, il observe seulement :

> « De là vient cette caractéristique de tout groupe politique, à savoir son immanquable tendance à la fission, et l'opposition de ses segments entre eux ; et cette autre caractéristique, la tendance à se fondre avec d'autres groupes de sa propre classe en opposition aux segments politiques plus grands que lui-même. Il s'ensuit que les valeurs politiques sont toujours en conflit, structuralement parlant. Une valeur attache un homme à son groupe, une autre à un segment de son groupe par opposition à d'autres de ces segments, et la valeur qui domine son action est fonction de la situation sociale dans laquelle il se trouve[36]. »

S'agirait-il de *conflits* de valeurs qui pourraient échapper à la contradiction ? Peut-être, mais :

> « [...] les rapports politiques sont relatifs et dynamiques. Le mieux qu'on en puisse dire, c'est que ces rapports sont des tendances à se conformer à certaines valeurs en

---

36. *Ibid.*, p. 163.

31

certaines situations, et que la valeur est déterminée par les relations structurales des personnes qui participent à cette situation. Un homme va-t-il prendre parti dans une querelle ? Et de quel côté ? Cela dépend de la relation structurale des personnes qui s'y trouvent mêlées et de sa propre relation à chacune des parties[37]. »

La valeur qui est attachée à l'identité d'un homme et qui domine son action est déterminée par les relations structurales qui définissent sa situation dans le groupe... Le renversement est assez clair : c'est la structure sociale qui détermine la valeur, de même qu'elle détermine le sujet et l'action.

Evans-Pritchard a dégagé la théorie de ces observations :

« Les valeurs politiques sont relatives et le système politique est un équilibre entre des tendances opposées à la fission et à la fusion ; entre la tendance à se segmenter qui est propre à tous les groupes, et la tendance qui ne leur est pas moins propre à se combiner avec des segments du même ordre[38]. »

Voilà des tendances antagonistes qui tendent à l'équilibre entre l'une et l'autre, mais qui tendent vers la contradiction de l'une et de l'autre, et non pas à s'exclure !

« D'où il suit que fission et fusion dans les groupes politiques sont deux aspects du même principe segmentaire, et qu'il faut comprendre la tribu nuer et ses divisions comme un équilibre entre ces deux tendances contradictoires et pourtant complémentaires[39]. »

---

37. *Ibid.*, pp. 163-164.
38. *Ibid.*, p. 175.
39. *Ibid.*

Il s'agit donc de tendances autant opposées aux tendances à la fission et à la fusion que de tendances à la fusion et à la fission puisque ce sont des tendances qui convergent vers *l'équilibre contradictoire* entre ces forces contraires. À la fission s'oppose la tendance inverse de la fusion, et à la fusion s'oppose la tendance inverse de la fission, et ce que l'on produit est une résultante qui n'est ni la fusion ni la fission mais ce qu'il appelle un « équilibre » d'où résulte le principe de segmentation :

> « C'est comme un principe fondamental de leur structure sociale qu'il faut définir la tendance à la segmentation. »

Et que ce soit là le principe générateur, c'est aussi ce qu'il affirme clairement. Il s'agit d'un principe qui se déploie depuis la plus petite section tribale jusqu'aux rapports inter-tribaux, et même jusqu'aux étrangers :

> « Par conséquent, il y aura toujours quelque chose d'arbitraire dans notre définition formelle d'une tribu par les caractères que nous avons dénombrés plus haut. Le système politique est une série de segments opposés qui se déploient depuis les relations intérieures de la plus petite section tribale jusqu'aux rapports intertribaux, et même aux relations étrangères : car l'opposition entre segments de la plus petite section nous semble être de même nature structurale que l'opposition entre une tribu et ses voisins dinka, quoique la forme de son expression soit différente. Souvent rien n'est plus difficile que de décider s'il faut considérer un groupe comme une tribu, ou comme le segment d'une tribu, étant donné la qualité dynamique de la structure politique. [...] Par conséquent, la valeur tribale est relative et se rattache à tout moment, sans toutefois en dépendre inévitablement, à une certaine extension d'une série de rapports structuraux en déploiement. [...]

Nous proposons donc de définir les groupes politiques nuer, dans la mesure où nous parlons valeurs, par les rapports de leurs segments et par leurs interrelations, en tant que segments d'un système plus vaste dans une organisation de la société face à certaines situations sociales ; et non point comme des parties d'une sorte de système charpenté à l'intérieur duquel vivraient les gens[40]. »

L'équilibre vers lequel tendent la fission et la fusion est par définition un équilibre *contradictoire* car la fusion et la fission sont des contraires.

Evans-Pritchard fonde le structuralisme sur une base théorique distincte de celle que proposera Lévi-Strauss. Pour l'auteur des *Structures élémentaires de la parenté*[41], il est question d'un facteur de cohésion et d'un facteur d'opposition qui ressemblent à ceux de fission et de fusion mais ne sont pas du tout équivalents. On a certes l'illusion d'une équivalence car Lévi-Strauss reprend mot pour mot les formules de Evans-Pritchard, à ceci près qu'au lieu de les illustrer par des relations de *réciprocité négative*[42], il les illustre par des relations de réciprocité positive. À propos du mariage, chez les Dobu de Nouvelle-Guinée, par exemple, il décrit :

« Chaque fois qu'il s'agissait de conclure un mariage au dehors, les deux moitiés oubliaient leur division et

---

40. *Ibid.*, pp. 175-177.
41. Lévi-Strauss, *op. cit.*
42. L'équilibre initial entre l'amitié et l'inimitié des organisations sociales archaïques est relatif : si l'inimitié prévaut, se développe un système de « réciprocité négative », c'est-à-dire de vengeance. Dans la réciprocité négative, celui qui subit est le premier à posséder une *conscience de conscience*, alors que dans la réciprocité positive, c'est au contraire celui qui agit. Les deux formes de réciprocité *négative* et *positive* sont donc inverses l'une par rapport à l'autre.

collaboraient, chacune travaillant au succès des entreprises de l'autre, en mettant tous leurs biens en commun ; par contre, elles continuaient à partager, pour échanger ensuite entre elles leurs parts respectives, quand le mariage avait lieu à l'intérieur du village. On voit ainsi se dégager sur un plan purement empirique, les notions d'opposition et de corrélation dont le couple fondamental définit le principe dualiste, qui n'est lui-même qu'une modalité du principe de réciprocité[43]. »

Pour Lévi-Strauss, on s'unit pour s'opposer, on s'oppose pour s'unir : cela paraît identique à ce que dit Evans-Pritchard mais, et c'est une différence capitale, on ne s'unit pas *en même temps* que l'on s'oppose. Néanmoins, quand on s'oppose, on s'oppose en fonction d'une raison commune : la guerre, l'alliance, le donner et recevoir ! Lévi-Strauss prend en compte cette identité minimale mais il l'appelle alors *corrélation* car on ne s'unit – on ne se corrèle – que pour s'opposer, de façon à créer toujours et partout deux moitiés égales[44].

L'enjeu essentiel que vise Lévi-Strauss est l'institution de la réciprocité définie ici comme une relation d'égalité entre deux moitiés, et les termes qu'il emploie ne permettent pas d'introduire l'idée de contradictoire ni de contradiction, et surtout pas *d'équilibre contradictoire* entre fission et fusion : au contraire, fusion et fission s'excluent : on se divise lorsque le mariage a lieu à l'intérieur de la communauté pour créer l'altérité nécessaire à une relation entre moitiés, on s'unit quand le mariage a lieu à l'extérieur de la communauté toujours pour fonder deux moitiés.

---

43. Lévi-Strauss, *op. cit*, p. 97.
44. *Ibid.*, chap. VI L'organisation dualiste, pp. 80-97.

Les moitiés qui résultent de l'opposition sont l'une face à l'autre pour des activités que Lévi-Strauss remarquera être des liens d'inimitié et d'amitié, mais cette observation à partir de laquelle on aurait pu revenir à la perception de l'équilibre contradictoire ne donne lieu à aucun commentaire théorique. La thèse de Lévi-Strauss n'explique pas pourquoi ces fameuses « organisations dualistes », qui devraient être toujours des organisations de relations complémentaires entre elles, sont un système en deux divisions :

> « [...] qui entretiennent des relations complexes allant de l'hostilité déclarée à une intimité très étroite, et où diverses formes de rivalité et de coopération se trouvent habituellement associées[45]. »

On doit imaginer qu'elles ne le sont jamais en même temps car l'auteur évite le terme de contradiction. Finalement, les deux moitiés seraient le support des relations de réciprocité complémentaires positives ou négatives mais distinctes les unes des autres sans donner lieu à une résultante entre elles.

Lévi-Strauss n'ignore pas que cette inimitié et cette amitié puissent recréer une situation contradictoire, mais il fait de toute situation de ce type une situation que la fonction symbolique s'évertue à éliminer, au point que la fonction symbolique consiste à ses yeux à substituer une solution non-contradictoire à cette situation contradictoire.

Si l'on se référait à la conception de Evans-Pritchard, il faudrait au contraire proposer l'hypothèse suivante : ces organisations dualistes, en tant qu'elles équilibrent l'amitié et

---

45. *Ibid.*, p. 80.

l'inimitié, ne sont-elles pas la matrice de *situations contradictoires* qui seraient nécessaires à la fonction symbolique elle-même ?

Le *contradictoire* ne serait-il pas un préalable pour que le principe d'opposition permette de nommer de façon non-contradictoire autre chose que sa propre nature, quelque chose d'autre que lui-même, qui transforme le signe en symbole, une vache en présence spirituelle, par exemple ?

N'y aurait-il pas deux niveaux d'analyse au moins, celui de la genèse de ce qui est *en soi contradictoire* – qui serait celui de la genèse du *sens* – et celui de l'expression du *sens,* qui imposerait la logique de la non-contradiction ?

Evans-Pritchard met en évidence la *contradiction* entre l'opposition et l'union, et nous avons donc trois termes : l'opposition entre groupes, l'union des groupes, et enfin la contradiction entre l'union et l'opposition. Avec Lévi-Strauss, cette contradiction disparaît parce que l'union est réduite par l'opposition à n'être que le rapport qui désigne les groupes préférentiellement opposés : la contradiction entre union et opposition disparaît au profit d'une actualisation si majoritaire de l'opposition que l'union n'est plus que son faire-valoir. D'une structure où l'équilibre entre des contraires s'imposait, on est passé à un déséquilibre où l'opposition domine de façon exclusive sur l'union. Pour Lévi-Strauss, ce changement est caractéristique de la fonction symbolique[46].

46. Lire à ce sujet, de Dominique Temple, *Lévistraussique : La réciprocité et l'origine du sens*, Collection *réciprocité*, n° 6, 2017. 1ère publication dans *Transdisciplines*, L'Harmattan, Paris, 1997.

Mais sur quoi repose cette fonction symbolique si l'on élimine le *principe contradictoire* de Evans-Pritchard ? Sur des compétences génétiques, répond Lévi-Strauss, qui accepte de laisser qualifier sa théorie de « matérialisme biologique » ! Il n'existerait qu'un seul niveau, celui qui est instauré par le principe d'opposition émergeant de la nature et s'appliquant aux hommes entre eux.

IV

CONTRADICTION ET RÉCIPROCITÉ

Dans sa conclusion, Evans-Pritchard reconnaît au contraire deux niveaux :

« Toutefois, afin d'éviter tout malentendu, je voudrais faire remarquer que la contradiction évoquée se situe au niveau abstrait des rapports structuraux et se dégage d'une mise en système des valeurs par l'analyse sociologique. On ne doit pas supposer que j'entends présenter le comportement comme contradictoire, ou que les groupes se maintiennent dans la contradiction réciproque[47]. »

Dès lors que la parole traduit en termes de valeurs ou d'attitudes ce qui fait *sens* entre les uns et les autres, elle crée un domaine non-contradictoire – celui dont les hommes sont conscients de façon objective – ; le passage sous le joug d'un signifiant non-contradictoire est en effet le seul moyen pour que le *sens* puisse se transmettre des uns aux autres et se définir comme une relation sujet-objet. Et par conséquent, le *sens* est tributaire de la logique de cette relation d'objet.

---

47. Evans-Pritchard, *op. cit.*, p. 300.

Il est important de savoir quel est le but de ce que Evans-Pritchard appelle la « relation structurale » : créer la situation contradictoire ou au contraire la supprimer, comme le fait l'échange ?

Il constate que la structure sociale qui donne naissance aux valeurs que s'attribuent les sujets de la relation chez les Nuer est constituée à tous les niveaux de l'organisation sociale par des rapports où la contradiction domine, et que, chez les Nuer, l'échange n'existe pas !

Selon la thèse de l'anthropologue britannique, l'enjeu de toute relation sociale chez les Nuer est l'équilibre entre les contraires, la situation contradictoire : c'est elle qui donne sens aux valeurs pour les uns et pour les autres. Que le sens s'exprime ensuite de façon non-contradictoire n'est pas en cause, mais pour que la fonction symbolique puisse s'exprimer, il faut encore que le *sens* puisse naître ! Et sa naissance requiert cette mise en jeu des contraires dans l'équilibre du contradictoire (le « principe structural »).

En extrapolant, on pourrait dire que l'enjeu de la segmentation, selon Evans-Pritchard, est la genèse du *sens*, quitte à ce qu'il se répartisse d'une façon non-contradictoire pour les uns et pour les autres. Mais, dès lors que ce qui est en soi contradictoire s'exprime de façon non-contradictoire (que ce soit par l'union ou l'opposition), c'est toujours le sens qui s'exprime. L'expression n'est autre que son efficience, sa manifestation qui instaure comme un autre niveau par rapport à celui de sa genèse et par rapport à celui de son être.

Autrement dit, il y a une différence radicale entre le niveau de la structure sociale où l'on peut parler de contraires : fission et fusion vécus simultanément pour engendrer le contradictoire lui-même, et le niveau où celui-ci s'exprime par la *Parole d'opposition* et la *Parole d'union*[48] ; mais, ce faisant, le contradictoire ne peut plus s'effacer : il ne permet plus aux contraires de se dissocier. Ils sont contraints par une irréductible relation : un *quantum de contradiction.*

Désormais, l'opposition ne peut plus être fission, elle demeure irréductiblement associée par ce que l'on appelle corrélation ; et de même l'union ne peut pas aboutir à une fusion totale. Cela est dû à ce que le *sens* créé au niveau de la relativisation des contraires est un troisième larron, l'*esprit,* si l'on veut, qui impose sa loi à la nature parce qu'il est lui-même efficient.

Mais qu'est-ce qui peut justifier l'impasse de Lévi-Strauss sur le troisième larron : le *quantum de contradiction,* qui résulte de l'interaction de tendances contradictoires pourtant si magistralement mis en évidence par Evans-Pritchard ?

Chaque chose nommée de façon non-contradictoire dans une relation sujet-objet peut être « possédée », répond Lévi-Strauss. Or, un objet convoité par les uns et par les autres crée une *situation contradictoire* entre la concupiscence pour l'objet et la peur de la concupiscence d'autrui. Pour trancher cette situation, qu'il juge intenable, les hommes auraient eu recours au *principe d'opposition.*

---

48. Les deux pôles contraires d'une situation contradictoire s'actualisent, par la parole, de façon non-contradictoire : l'une de ces actualisations est dite *Parole d'opposition,* qui témoigne de la polarité de la différenciation ; l'autre est dite *Parole d'union,* qui témoigne de la polarité inverse, celle de l'identité. Cf. Dominique Temple, *Les deux Paroles* [2003], Collection *réciprocité,* n° 3, 2017.

Au réel (situation insoutenable du *je désire ce que tu désires, mais je crains ton désir et ta violence*), la fonction symbolique substituerait une opposition au niveau des représentations, une opposition de termes dits complémentaires, par exemple sœur/épouse, qui permet à chacun de caractériser la sœur de l'autre comme son épouse, et l'épouse de l'autre comme sa propre sœur, ce qui autorise l'échange de la sœur contre l'épouse. Et parce que la femme serait « le plus grand des biens » pour les hommes, elle serait le premier enjeu entre leurs désirs opposés.

L'échange des femmes serait le paradigme de la théorie proposée. La contradiction, pour Lévi-Strauss, se détruit donc instantanément au bénéfice d'une opposition corrélative. Quant à l'opposition corrélative dont les deux termes, rappelons-le encore une fois, ne sont pas des contraires mais des complémentaires, elle se justifierait donc par une raison utilitaire. L'échange d'une sœur contre une épouse, ou encore contre la paix et la sécurité satisferait un principe fondamental : l'intérêt des uns pour posséder quelque chose que les autres possèdent.

Mais quand on échange, on est satisfait. Et la satisfaction met fin à la relation ; à moins que cet échange soit suspendu par le fait que l'un des partenaires n'ait pas de quoi échanger, auquel cas la complémentarité doit être assurée par le gage d'une compensation future. Le gage, la monnaie…

L'échange agrée plus qu'amplement la logique de la non-contradiction qui est celle de la communication. Elle cadre avec une conception scientifique basée sur la connaissance objective, et aussi avec l'idéologie de la société libérale. Elle est donc capable de convenir à la plupart des activités sociales de la société occidentale qui donne non seulement le primat à la connaissance objective mais se fonde sur l'intérêt de l'individu.

Oui, mais ce n'est pas dans des relations de ce type que Evans-Pritchard a reconnu le principe fondamental du structuralisme, mais dans des relations de vengeance, de guerre, de meurtre, de violence et de rapt chez les Nuer. Or, on ne peut appliquer l'idée de l'échange à des prestations comme le meurtre ou le rapt sans y regarder de plus près. Du moins, ce n'est pas une chose qui vient immédiatement à l'esprit de considérer la vengeance ou la guerre comme un « échange » ; d'autant plus que la thèse de Lévi-Strauss est que c'est justement pour supplanter la guerre et la violence, le meurtre et le rapt, que l'homme aurait inventé l'échange !

De plus, c'est à partir de l'organisation politique des Nuer que Evans-Pritchard appréhende le principe structural, et non pas à partir de présupposés économiques ou idéologiques :

> « Le sentiment tribal repose autant sur l'opposition aux autres tribus que sur un nom commun, un territoire commun, un esprit de corps dans la guerre, et la structure lignagère commune d'un clan dominant. [...] Une tribu, c'est le plus large groupement dont les membres regardent comme un devoir d'agir ensemble pour razzier et pour se défendre[49]. »

La tentation fut sans doute grande de ramener cohésion et opposition, fusion et fission, à deux tendances complémentaires : la cohésion pour les relations de solidarité des membres de la tribu, et l'opposition pour les interactions guerrières. Mais Evans-Pritchard écarte cette perspective qui

---

49. Evans-Pritchard, *op. cit.*, p. 145.

aurait pu enrayer son analyse. Comment ? Il étudie ce que nous appelons la « réciprocité négative »[50] dans les rapports des tribus Nuer/Dinka, où il met en évidence la relation structurale en termes guerriers, et en fait émerger le principe structural avec une clarté exemplaire.

Les Nuer l'ont d'ailleurs aidé en théorisant eux-mêmes ce principe sous une forme abstraite :

> « Ils ont en effet un mythe semblable à celui d'Esaü et de Jacob, qui explique et justifie leurs agissements. Selon cette fable, Nuer et Dinka sont les deux fils de Dieu, de Dieu qui promit sa vieille vache à Dinka et son jeune veau à Nuer. Dinka s'introduisit nuitamment dans l'étable de Dieu, et, imitant la voix de Nuer, en obtint le veau. Quand Dieu découvrit qu'il avait été joué, il entra en fureur et chargea Nuer de venger l'injure en razziant le bétail jusqu'à la fin des temps[51]. »

La comparaison avec le mythe de Jacob souffre d'une petite distorsion : dans le mythe hébreu, Jacob trompe bien son père, mais son père ne le maudit pas, bien au contraire, il lui donne sa bénédiction et simultanément il instaure la réciprocité négative en la personne de Esaü.

---

50. Le sentiment d'être humain n'est pas seulement engendré par la réciprocité d'alliance ou la réciprocité des dons, il l'est aussi par la *réciprocité négative* où le rapt répond au rapt, l'injure à l'injure, le meurtre au meurtre. Ce qui importe, dans cette forme de réciprocité, n'est pas de détruire autrui mais de construire avec lui une relation génératrice d'une *conscience commune*, et d'être reconnu par lui comme Homme, fût-ce comme ennemi. Cf. Bartomeu Melià & Dominique Temple, *La réciprocité négative. Les Tupinamba* [2004], Collection *réciprocité*, n° 5, 2017.

51. Evans-Pritchard, *op. cit.*, pp. 150-151.

Esaü, malgré cela, pardonnera lorsque Jacob lui offrira toutes ses richesses. Ce n'est donc pas la vengeance qui sera instaurée mais le don, et même le pardon !

Mais Evans-Pritchard a quand même raison ! Il s'agit bien de fonder la structure sociale : dans les deux cas, le symbole du *sens* (que dit le Nom-du-Père[52]) est *exprimé* au niveau du fils par le principe d'opposition (les jumeaux : Nuer/Dinka, Jacob/Esaü).

Chez les Nuer, l'opposition des attributs est évidente : femelle/mâle pour l'un, vieux/jeune pour l'autre, mais la contradiction dont le Nom-du-Père était le gardien est reconstruite à la génération suivante (après donc que la représentation ait dissocié le sentiment du père en valeurs opposées) : en effet, chez les Nuer, celui qui reçoit la « femelle et la vieillesse » revendique « le mâle et la jeunesse ».

Il suffit de poursuivre l'allégorie et l'on conclura que chaque terme de l'opposition (chacun des deux fils opposés aîné/cadet) ne se suffit pas de ce qui lui est dévolu, puisqu'il revendique son contraire, et ainsi rétablit le contradictoire.

Chez les Hébreux, le Fils est Jacob mais il se présente comme Esaü. Ainsi, le Nom-du-Père sera-t-il reproduit au niveau du Fils (la bénédiction), et le sentiment tribal se perpétuera de génération en génération par la reproduction de la contradiction, à ceci près que Jacob devient Israël lorsqu'il métamorphose la réciprocité négative en réciprocité positive (Jacob demande le pardon à Esaü).

---

52. Cf. Jacques Lacan qui décline la fonction paternelle en plusieurs plans : père symbolique ou « nom-du-père », père réel et père imaginaire.

Evans-Pritchard aurait pu également justifier la guerre entre Nuer et Dinka par des motifs utilitaires : la razzia étant ici un moyen aussi radical que l'échange pour se procurer les vaches, mais il n'y cédera pas et il évitera de considérer la répartition du bétail – pourtant valeur suprême pour les Dinka et les Nuer – comme l'enjeu de la guerre[53].

---

53. Certes, Lévi-Strauss également soutient victorieusement contre Frazer que ce n'est pas l'intérêt immédiat qui prévaut dans les transactions entre amateurs de femmes, puisque au préalable l'échange doit souscrire à la réciprocité, mais il considère celle-ci comme une règle psychologique, et soumet la règle en question à une raison utilitaire, la *paix,* qu'il appelle *le besoin de sécurité* : on échangerait finalement de façon réciproque afin d'assurer une stricte égalité des échanges, seule façon en l'absence d'autres critères de mesure d'assurer l'égalité et donc la sécurité. Tu veux une femme, soit ! Je te la donne pour que tu ne tires pas l'épée, mais à la condition que lorsque j'en voudrais une et que tu en disposeras, elle soit pour moi, etc. C'est pourquoi, dans un régime patrilinéaire, la cousine parallèle, dit Lévi-Strauss, n'est pas « équivalente à la cousine croisée ». Mais que la transaction soit pour lui l'échange, aucun doute, et que l'intérêt en soit la raison dernière, aucun doute non plus : Lévi-Strauss martèle « *Parce que le mariage est échange, parce que le mariage est archétype de l'échange, l'analyse de l'échange peut aider à comprendre cette solidarité qui unit le don et le contre-don, le mariage aux autres mariages* ». Lévi-Strauss, *op. cit.*, p. 554.

46

V

LA GUERRE MAÎTRISÉE

Mais venons-en à la réciprocité négative qu'étudie Evans-Pritchard : ici, il s'agit de *vaches* dont la valeur est considérable puisqu'elles sont chez les Nuer la dot dans les mariages, le *gage* de l'alliance matrimoniale au même titre que celui de la vengeance ; autant dire l'équivalent, dans la thèse même de Lévi-Strauss, d'une femme.

Comment ne pas être d'abord tenté de voir en la razzia le moyen de se procurer rapidement des femmes ou des dots là où n'existe pas l'échange ? La razzia n'est-elle pas le recours ultime quand l'échange n'a pas lieu, pour toutes les théories anthropologiques jusqu'à ce jour, de Hobbes à Lévi-Strauss en passant par Mauss et Radcliffe-Brown ? Ou bien la guerre de tous contre tous, ou bien l'échange !

Evans-Pritchard répond :

« Cette guerre n'est pas un simple frottement d'intérêts, c'est aussi une relation structurale ; autrement dit, elle exige que chacun des deux peuples reconnaisse la part relative qu'il prend aux sentiments et aux habitudes de l'autre[54]. »

---

54. Evans-Pritchard, *op. cit.*, p. 156.

47

À la place de *l'intérêt*, Evans-Pritchard fait droit à la reconnaissance d'autrui, et même plus précisément à *la part relative* que chacun des deux peuples prend *aux sentiments et aux habitudes de l'autre* :

> « Cette réflexion nous amène à noter que les rapports politiques se ressentent profondément des différences de civilisation. »

Evans-Pritchard explicite :

> « Plus les peuples voisins ressemblent aux Nuer par le mode de vie, le langage, et les coutumes, plus les Nuer les mettent dans leur intimité, plus ils sont disposés à se battre avec eux, et à se fondre avec eux[55]. »

Il faut alors imaginer que la relation guerrière a pour enjeu d'établir *l'intimité*, alors que pour Lévi-Strauss la guerre est le chaos auquel l'échange doit mettre fin. Le structuralisme français rencontre ici une difficulté. Chez les Nuer, la réciprocité négative n'est pas un préalable à l'échange, elle supprime l'échange et institue au contraire la guerre ! une guerre féconde, une guerre qui fonde leur être social. Mais n'est-ce pas une exception ? Pourrait-on argumenter et dire par exemple : cette relation de réciprocité guerrière est seulement un préalable pour instaurer la condition nécessaire à la réussite des échanges ?

Un collectif d'auteurs de qualité se sont attachés, sous la houlette de Raymond Verdier, Gérard Courtois et J.-P. Poly[56], à interpréter toutes les formes de réciprocité de vengeance en

---

55. *Ibid.*, pp. 156-157.
56. Cf. Raymond Verdier *et all.*, *La Vengeance* (4 vol.), Paris, Cujas, 1981-1986.

termes d'échange. La thèse de Raymond Verdier soutient que la réciprocité de meurtre entre les groupes a pour enjeu d'interdire aux uns et aux autres d'acquérir un avantage des uns sur les autres, car l'équilibre des forces entre eux serait une condition préalable à l'établissement de relations d'échange (sinon le plus fort pille le plus faible...). La guerre maîtrisée par la règle de réciprocité régirait, un peu à la manière de la main invisible d'Adam Smith, l'équilibre nécessaire au marché.

Sans doute conscient que de mettre l'échange dans la main de Mars, sous le prétexte de pérenniser l'égalité des uns et des autres, est une imagination des plus délicates parce qu'elle condamne les communautés à demeurer identiques à elles-mêmes, Jesper Svenbro[57] propose une solution que l'on peut qualifier d'astucieuse : le fait de subir un meurtre d'un ennemi provoquerait dans le groupe victime un réflexe de cohésion, qui serait convertible en production collective et donc en croissance. Subir un meurtre dynamiserait la production, de sorte que le groupe serait alors en position avantageuse pour affronter autrui dans la concurrence et l'échange. Ainsi, Jesper Svenbro réintroduit-il la dynamique dans la vie des groupes.

Mais comment obtenir d'autrui qu'il vienne vous rendre ce signalé service de venir chez vous tuer l'un des vôtres pour provoquer un tel élan de solidarité productive ? Jesper Svenbro propose une spéculation d'une rationalité utilitariste

---

57. Jesper Svenbro, « Vengeance et société en Grèce archaïque. À propos de la fin de l'Odyssée », dans *La vengeance, op. cit.*, vol. 3. *Vengeance, pouvoirs et idéologies dans quelques civilisations de l'Antiquité*, textes réunis et présentés par Raymond Verdier & Jean-Pierre Poly, Paris, 1984, pp. 47-63.

irréfutable : l'échange des meurtres ! Je tue chez toi, pour que tu bénéficies de cette dynamique de solidarité, à condition qu'en échange tu viennes tuer chez moi, etc.[58] Il faut que le gestionnaire de cette stratégie productive ait deux idées en tête : l'une, que la guerre va se compter en pertes d'énergies productrices mais en gains collatéraux de sentiments solidaires dont les effets positifs non seulement compensent les pertes mais leur soient supérieurs ; l'autre, que la somme positive de ces gains soit supérieure à ce que pourrait produire l'échange, et, en même temps, que l'adversaire ne déjoue pas ce calcul car il peut aussi chercher à ce que le bilan lui soit profitable... C'est une théorie qui fait intervenir non seulement "l'esprit de l'accumulation", mais encore "l'esprit de la spéculation" !

Il faut avouer que cette thèse se soutient néanmoins d'un enjeu considérable car elle donne une caution anthropologique à l'extrapolation d'Adam Smith qui, à partir de l'observation du libre-échange se développant sous ses yeux en Angleterre, postulait son principe comme universel. Lévi-Strauss soutient en somme que cette extrapolation est fondée d'une certaine façon : la réciprocité des dons, dans la mesure où elle serait la forme archaïque des échanges dans les sociétés primitives, prouverait que l'extrapolation de Adam Smith correspondait à une intuition juste. Et selon Raymond Verdier, la réciprocité négative assurerait les conditions d'égalité et de stabilité favorables à la réciprocité des dons...

La thèse de Evans-Pritchard paraît moins tributaire de l'obligation de satisfaire une idéologie fondée non sur une observation scientifique mais sur un postulat : à savoir que les hommes seraient mus par leur intérêt. (Paradoxe pour un Anglais ? Certes, mais nous ne sommes plus à un paradoxe

---

58. Jesper Svenbro, *op. cit.*, p. 55.

près !). Pour ce qui est de l'analyse des thèses exposées dans les quatre volumes de *La Vengeance* (1981-1986), je renvoie à l'étude plus précise par laquelle j'ai montré que les observations des auteurs n'assurent pas tant le succès de la thèse de l'échange qu'ils défendent, que celle de la réciprocité[59].

Revenons donc à la théorie de Evans-Pritchard.

> « Les segments d'une tribu, constate-t-il, présentent bien des caractéristiques de cette tribu elle-même. [...] Chaque segment est lui-même segmenté, et il y a opposition entre ses parties. Les membres d'un segment quelconque s'unissent pour guerroyer contre des segments adjacents du même ordre, et s'unissent avec ces segments adjacents contre des sections plus larges. Les Nuer eux-mêmes affirment nettement ce principe structural quand ils exposent leurs valeurs politiques[60]. »

Cependant, Evans-Pritchard doit mettre en évidence le principe structural dans la vengeance indépendamment de l'idée que la razzia pourrait être une façon d'acquérir des richesses.

> « La vendetta est une institution politique, un mode de comportement reconnu et réglementé entre différentes communautés à l'intérieur d'une tribu. L'opposition équilibrée entre segments tribaux, leurs tendances complémentaires vers la scission et la fusion, dont nous avons vu qu'elles étaient un principe structural, se montre clairement dans l'institution de la vendetta, qui d'une part

---

59. Cf. Dominique Temple, *La réciprocité de vengeance : Commentaire critique de quelques théories de la vengeance* [2003], Collection *réciprocité*, n° 7, 2017.
60. Evans-Pritchard, *op. cit.*, pp. 168-169.

permet à l'hostilité de s'exprimer par l'action violente et intermittente – et cette action a pour effet de maintenir les sections séparées ; et qui d'autre part, grâce aux moyens prévus pour le règlement, empêche l'opposition de dégénérer en fission complète. La constitution tribale requiert les deux éléments d'une vendetta, le besoin de vengeance et le moyen de règlement[61]. »

Nous sommes en présence de contraires (fission et fusion) qui se relativisent mutuellement, mais aucune motivation utilitaire n'intervient dans cette analyse. Il s'agit seulement d'établir un équilibre entre deux contraires. Nous avons déjà cité cette phrase :

« D'où il suit que fission et fusion dans les groupes politiques sont deux aspects du même principe segmentaire et qu'il faut comprendre la tribu Nuer et ses divisions comme un équilibre entre ces deux tendances contradictoires et pourtant complémentaires[62]. »

---

61. *Ibid.*, p. 189.
62. Voir *supra*, p. 32.

CONCLUSION

Complémentaires et *contradictoires*, ce sont les termes par lesquels le physicien Niels Bohr définissait les caractères ondulatoire (homogène) et corpusculaire (hétérogène) du *quantum* de Planck, et de toute réalité physique – pourvu qu'on la considère avec précision dans sa structure fine – lorsque l'on tente d'en avoir une mesure objective (on obtient d'un événement qui n'est en réalité ni corpuscule ni ondulatoire, soit une mesure ondulatoire, soit une mesure corpusculaire, selon l'instrument de mesure que l'on utilise)[63].

L'adjonction de deux mesures antagonistes donnent bien une idée du contradictoire lui-même, mais une idée seulement car l'événement est tout entier impliqué dans chacune des deux mesures, autrement dit, impliqué soit dans sa traduction comme onde, soit dans sa traduction comme corpuscule, mais pas les deux ! Cette terminologie implique donc un coup de force intellectuel puisque *complémentaire* e t *contradictoire* s'excluent mutuellement et ne peuvent être vrais ensemble ; c'est-à-dire que cette formulation est illogique selon la logique de la non-contradiction.

---

63. Cf. Niels Bohr, *Physique atomique et connaissance humaine*, Paris, Gauthier-Villars, 1972. Niels Bohr avait remarqué que l'interaction des sociétés entre elles était de même nature que l'interaction de la mesure sur l'événement observé en physique quantique, et il l'avait clairement signalé aux anthropologues lors du congrès international d'anthropologie et d'ethnologie de Copenhague en Août 1938.

Il vaudrait donc mieux convoquer une logique assez puissante pour rendre compte non seulement de toutes valeurs non-contradictoires et antagonistes, mais aussi du *contradictoire* lui-même : soit une logique qui rende compte de ce qui est *en soi contradictoire,* et qui admette donc que toute valeur soit fondamentalement liée à une valeur antagoniste par un *quotient de contradiction* irréductible.

La « Logique dynamique du contradictoire » est une logique généralisée, découverte par le philosophe Stéphane Lupasco (1900-1988), fondée notamment sur la notion de *Tiers inclus,* à partir d'une réflexion sur les thèses de Kant et de Bergson puis d'une recherche épistémologique sur la physique relativiste, la physique quantique et la biologie contemporaine[64].

Stéphane Lupasco fait droit, dans un premier temps, à deux orientations antagonistes du devenir logique, mais la formalisation de cette logique fait apparaître un système tripolaire, la troisième polarité se constituant du *devenir contradictoriel*[65].

---

64. Dans la Logique dynamique du contradictoire, Stéphane Lupasco appelle « état T » le *contradictoire* (ce qui est *en soi contradictoire*) ou encore *Tiers inclus,* par allusion à ce qui est radicalement *exclu* par la logique classique d'identité ; c'est-à-dire tout Tiers *en soi contradictoire.*

65. Cf. Stéphane Lupasco, *Logique et contradiction,* Paris, PUF, 1947 ; et *Le principe d'antagonisme et la logique de l'énergie,* Paris, Hermann, 1951. Lire à ce sujet de Dominique Temple, « Le principe d'antagonisme de Stéphane Lupasco », dans H. Badescu et B. Nicolescu (dir.), "Stéphane Lupasco : L'homme et l'œuvre", *Bulletin Interactif du Centre International de Recherches et Études Transdisciplinaires,* CIRET, n° 13, 1998, Monaco, éd. Le Rocher, 1999. Et *« Un nouveau postulat pour la philosophie »,* Collection *réciprocité,* n° 10, 2018.

Edward Evan Evans-Pritchard n'a pas eu la chance de prendre connaissance de cette logique formulée seulement à partir des années 1950 par Stéphane Lupasco. Le structuralisme français qui, lui, a eu cette chance, a pourtant curieusement choisi de l'ignorer et d'exclure même toute référence à cette logique, considérant la non-contradiction comme le seul fondement de la fonction symbolique ; de façon il est vrai conséquente avec l'idéologie régnante qui postule l'échange aux origines des rapports humains, et qui place au cœur de l'homme : l'intérêt privé.

BIBLIOGRAPHIE

Bohr Niels, Physique atomique et connaissance humaine, Paris, Gauthier-Villars, 1972.

Evans-Pritchard Edward Evan, *The Nuer* [1937]. Trad. fr. *Les Nuer. Description des modes de vie et des institutions politiques d'un peuple nilote*, Traduit de l'anglais par Louis Évrard, Préface de Louis Dumont (pp. I-XVIII), Paris, Gallimard [1968], rééd. Coll. « Tel », 1994.

Lévi-Strauss Claude, *Les structures élémentaires de la parenté*, Paris-La Haye, éd. Mouton & Coll., [1947], 1967.

Lupasco Stéphane, *Logique et contradiction*, Paris, PUF, 1947.

Lupasco Stéphane, *Le principe d'antagonisme et la logique de l'énergie*, Paris, Hermann, 1951.

Malinowski Bronislaw, *Argonauts of the Western Pacific* [1922]. Trad. fr. *Les Argonautes du Pacifique Occidental*, Paris, Gallimard, 1963.

Melià Bartomeu et Dominique Temple, *La réciprocité négative. Les Tupinamba*, Collection *réciprocité*, n° 5. Version française du chapitre "El nombre que viene por la venganza", dans *El don, la venganza, y otras formas de economía guaraní*, Centro de Estudios Paraguayos "Antonio Guasch", Asunción del Paraguay, 2004.

Svenbro Jesper, « Vengeance et société en Grèce archaïque. À propos de la fin de l'Odyssée », dans *La vengeance*, vol. 3 *Vengeance, pouvoirs et idéologies dans quelques civilisations de l'Antiquité*, Textes réunis et présentés par Raymond Verdier & Jean-Pierre Poly, Paris, 1984, pp. 47-63.

Temple Dominique, *Lévistraussique : la réciprocité et l'origine du sens,* Collection *réciprocité,* n° 6, 2017. 1ère publication dans *Trans-disciplines, Revue d'épistémologie critique et d'anthropologie fondamentale,* Paris, L'Harmattan, avril 1997, pp. 9-42.

Temple Dominique, *Les deux Paroles,* Collection *réciprocité,* n° 3, 2017. Publié en castillan dans *Teoría de la reciprocidad,* (3 vol.), La Paz, éd. Padep-Gtz, 2003.

Temple Dominique, *La réciprocité de vengeance. Commentaire critique de quelques théories de la vengeance.* Collection *réciprocité,* n° 7, 2017. Publié dans *Teoría de la reciprocidad,* La Paz, Padep-Gtz, 2003.

Temple Dominique, « Le principe d'antagonisme de Stéphane Lupasco », dans Horia Badescu et Basarab Nicolescu (dir.), "Stéphane Lupasco : L'homme et l'œuvre", *Bulletin Interactif du Centre International de Recherches et Études Transdisciplinaires,* CIRET, n° 13, 1998, Monaco, éd. Le Rocher, 1999.

Temple Dominique, « *Un nouveau postulat pour la philosophie* », Collection *réciprocité,* n° 10, 2018.

Verdier Raymond *et all., La Vengeance. Études d'ethnologie, d'histoire et de philosophie,* (4 volumes), Paris, éditions Cujas, 1981-1986 :

Vol. 1 *Vengeance et pouvoir dans quelques sociétés extra-occidentales.* Textes réunis et présentés par Raymond Verdier, 1981.

Vol. 2 *Vengeance et pouvoir dans quelques sociétés extra-occidentales.* Textes réunis et présentés par Raymond Verdier, 1986.

Vol. 3 *Vengeance, pouvoirs et idéologies dans quelques civilisations de l'Antiquité.* Textes réunis et présentés par Raymond Verdier & Jean-Pierre Poly, 1984.

Vol. 4 *La vengeance dans la pensée occidentales.* Textes réunis et présentés par Gérard Courtois, 1984.

La plupart des articles de Dominique Temple sont disponibles sur son site
http://dominique.temple.free.fr/

Imprimé à la demande par Lulu.com
Dépôt légal : janvier 2018
Illustration de couverture : Pierre de Vaucleroy

www.ingramcontent.com/pod-product-compliance
Lightning Source LLC
Chambersburg PA
CBHW060640280326
41933CB00012B/2097